RECUERDA
QUE AÚN ESTÁS VIVO

RECUERDA QUE AÚN ESTÁS VIVO

Antología
(2025 – 2015)

Rosa Estremera

INSTITUTO DE ESTUDIOS CEUTÍES

Colección

Casa
de
los Dragones

1ª edición: Abril, 2025

© de los textos:
   Rosa Estremera
© del prólogo:
   Pablo Méndez
© de la presente edición:
   INSTITUTO DE ESTUDIOS CEUTÍES

Dirección de la colección: María Jesús Fuentes.

Ilustración de portada: Rosa Olea.
Producción editorial: Q-book.

Edita:

   INSTITUTO DE ESTUDIOS CEUTÍES
   Paseo del Revellín, 30 – 51001 CEUTA
   Tlf: 956 51 00 17 Fax: 956 51 08 10
   ieceuties@telefonica.net

ISBN: 978-84-18642-65-4
Depósito Legal: CE 4-2025

*A mi familia,
el álamo vibrante
que sostiene este río
de cauce inquieto y bravo
que habita en mí.*

LA HIJA DEL CAPITÁN

Era uno de esos días en los que el verano cambia de color, casi de piel y septiembre ofrece una luz extraña como violeta… en unos de esos días, entrando y saliendo de su jardín, Rosa Estremera me enseñó los libros de navegación de su padre. Pocas cosas he visto tan deslumbrantes, precisas y reveladoras. Un libro donde el capitán del barco escribe las incidencias del día a día, como un tremendo y lúcido diario donde el mar es un personaje vivo, pleno, auténtico y con grave voz. Libros largos, encuadernados de forma artesanal y antigua, llenos de símbolos, dibujos, anotaciones, experiencias, y una enorme literatura encubierta y recóndita, como una flor que enriquece.

Ese día no solo comprendí mejor su poesía sino también a ella misma. Aquellos libros de navegación de su padre eran todo un poema al esfuerzo cotidiano, al trabajo en el mar, pero también un deleite del vivir, una forma de beberse la vida en un trago hermoso y con sabor a puerto.

Rosa Estremera llena de ese pulmón sus poemas.

Una voz la suya que busca de la sencillez una forma de expresión, que no complica nunca su propuesta, que busca en los temas de todos, el método principal de la poesía, pero capaz de la misma manera de enfrentarse al dolor de vivir, a la soledad del tiempo, al sufrimiento de las ausencias, al viento peor que muchas veces nos persigue.

Nadie debe dudar de que los poetas, los verdaderos poetas, escriben como son, ellos y ellas son su poesía y como su tiempo, se escriben y se reescriben en ellos mismos. Rosa tiene esa sensibilidad de sentir el entorno, de procurar encerrar en su canto esa voz más sutil y perfecta de los campos, las nubes, el viejo amanecer de cada día.

En *Las tierras que nos cubren*, título de uno de sus mejores libros, supo crear una elegía, un inmenso homenaje, pero al mismo tiempo una reflexión sobre el entorno, sobre el pedazo de tierra que somos y nos espera.

Y Rosa es así, es como un libro de navegación de su padre, distinto y a la vez clarísimo, clásico y moderno a un tiempo, brillante y tradicional, y por las mismas calles extravagante y misteriosa.

Niña que escribió en periódicos y revistas ceutís a una edad muy temprana, y que luego vivió la vida al máximo, con el amor y el desamor a cuestas, estudiando la carrera de Relaciones Públicas (mágica y peculiar coincidencia con el que esto escribe) y desarrollando después una exitosa carrera en el psicoanálisis, hasta que una de esas tempestades que vio su padre desde la proa de un barco, la devolvió del todo a la literatura y eso es algo que yo y otros muchos celebramos.

Todo es un golpe de mar en Rosa Estremera.

Todo tiene un nervio que oscila y cambia, que parece de un color pero luego se vuelve de otro… en su libro *El monopolio de los árboles*, hay un terrible temblor vital hacia la muerte y al mismo tiempo una necesidad poderosa de sentir la felicidad en cualquier modo, sobre cualquier dicha.

Desde su primer libro, hace ya unos años, hasta su última publicación, *Herida propia*, ha sabido construir un universo poético que se va haciendo más narrativo y que evoluciona hacia un tratamiento del lenguaje más exacto y delimitado.

Tienen algo muy interesante los poetas que vienen del psicoanálisis, yo he conocido a varios y comparto con Rosa la admiración por ejemplo, hacia Jesús Ayet, pero Rosa viene de más sitios y eso lo deja ver en cada verso, viene de una ciudad pequeña, multicultural y que puede parecer salida de un cuento árabe, pero al mismo tiempo puede ser una extraña y curiosa cárcel, viene de odiar el piano (habiéndolo estudiado tantos años) y sin embargo tiene una gran sentido del ritmo, viene del trabajo duro, del fracaso y del éxito, del amor y el desamor, de la gran felicidad de ser madre tres veces, del sueño que va y que viene a cada momento, y de un barco que salió en la infancia, cruzó los mares y le enseñó, a la niña que acompañaba a su padre, la vida desde un libro que también es un puerto y también es un mar.

Pablo Méndez
Diciembre de 2024

Herida propia
(2025)

¿Cómo decirme? Lo que he sido, soy.
Aquello que fue me hizo. Las mujeres de
mi historia están en mí. Sus heridas tam-
bién son las mías. Mi herida es la marca
que me da forma. El beso nunca es el
mismo, pero sí la inocencia, la traición,
el amor. Mis cicatrices son las historias
que modelaron los versos. Son la carne y
el verbo. Y no sólo eso. La herida soy yo.

No puedo curar la herida de mi vida,
pero puedo escribir sobre ella.

Virginia WOOLF

LAS MUJERES DE MI HISTORIA

Recuerdo la luz cubierta de algodones
enmarcada por una ventana abierta al mar,
con un puerto no tan distante
como para no oír en los días envueltos de niebla
las sirenas de sus barcos atracados.

El sonido tenue y denso de sus gotas de agua
en ese silencio que galopa en el levante,
con las sábanas siempre húmedas
porque en puerto de mar nada se seca, ni el coraje.

El pan nunca está crujiente, el pelo se enfosca
la tez, al contrario, siempre está fresca e hidratada.

La niebla va cubriendo las siluetas más lejanas
desde las rejas verdes del lavadero.
Las gallinas se esconden y los perros no ladran,
los coches parecen desaparecer.

En la mesa redonda de la cocina
espera un tazón humeante de chocolate
y las sonrisas de las mujeres de mi historia
la de mi madre que espera
la de mi abuela que lame sus heridas.

MI ABUELA

Mi abuela era una mujer herida,
herida por el destino desde el nacimiento,
por la vida que la dejó sola muy pronto.

Huérfana de una familia arruinada por la guerra,
sorda de un oído por aquel sarampión de entonces.

Tenía que abrocharse los cordones perfectamente
                                        [alineados
si quería eludir gritos y bofetones a destiempo.

Pasó hambre de pan y de cariño.

Tuvo una vida difícil, se le negó casi todo
hasta educación, nunca conocí nadie tan fuerte.

Sola aprendió a leer y a escribir, robando luz a las
                                        [sombras.

Ella me enseñó el amor a los libros y a la poesía,
pocas personas han creído tanto en mí.

Con su tez blanca y hermosa, de alabastro,
invencible a las arrugas que sólo le crecían por
                                        [dentro.

Mujer maltratada por mi abuelo del que nunca supe.
Hermosa y decidida, luchadora como todas las
                              [supervivientes.

Navegó entre las negras aguas de su historia
y aprendió a arribar en puertos seguros.

Supo desafiar a la sociedad de su época… Una
                              [época oscura.
Le dio a mi madre todo aquello que le negaron,
yo nací en otro mundo por ella.

Mujeres como aquellas cambiaron nuestra historia.
Sin estridencias, calladas, tenaces, trabajadoras
que supieron fabricarse las alas de un dragón.

Con los sueños empaquetados bajo el brazo
se cosía cuellos con retales
para cambiarse bajo la misma chaqueta.

Mi abuela esa mujer hecha a sí misma,
que sufrió y nos hizo sufrir
porque sus cicatrices eran demasiado profundas.

Esa mujer sin cura me enseñó que todo era posible
y me hizo firmar en mi memoria la promesa
de que nadie ni nada me pudiera cambiar.

Esa mujer es eterna.

BESOS

El primer beso que di fue por curiosidad,
el amor vino más tarde
incluso más tarde que la pasión.

Luego aprendí el deseo de alguien
hasta el punto justo de la muerte
sin importar nada más, pues nada hubo
excepto su mirada.

Vinieron más besos de enamorados
de traición y de amistad,
besos cosidos a la idea sin forma de las nubes
a la espuma blanca donde termina el mar,
a la ráfaga de viento que te golpea y se va.

Con el ritmo pausado y certero de un halcón
descubrí la diferencia entre amar y ser amado
y al fin besé con todo conocimiento,
con la certeza de la claridad del alba
con la lluvia caída entre las hojas de un olmo,
nacida a la sensación que trasciende
más allá de la sombra de la luna.

Plena del sol de julio o de la blancura de la nieve.

Besé los labios que abrazaron mis sueños
que me acompañan las largas tardes de invierno

y sujetan la estructura de mi existencia;
llegó un día que me besaste tú.

EL FINAL DE LA INFANCIA

Apenas se percibe el final de la infancia,
sin embargo, yo lo supe con total claridad.

En el borroso paso del tiempo,
no debía tener más de ocho años,
desperté una mañana
entre las seguras paredes de mi habitación.

Aún impregnada de inocencia recordé un sueño…
Un callejón sin fin, oscuro y frío
con un hilero de agua de lluvia acumulado en su
                                              [centro,
apenas alguna nota de color de los posters oficiales
de las películas de mis cuentos favoritos.

Me observaban incrédulos sus personajes
príncipes y princesas, hadas, cuervos y dragones
salían de sus castillos y cuevas. Expectantes.

Ya ni siquiera los miraba, avanzaba con total frialdad
entre aquellos hasta entonces fieles amigos.

Me miraban asustados, implorando respuestas
llamándome con las voces ahogadas en papel
                                              [brillante.

Había dejado de creer.

Corría por aquel callejón angosto a fin de alcanzar
en mi huida aquello que sin duda había más allá.

Mientras, ellos luchaban por escapar de su cárcel
                                                    [pintada
hasta saltar a la acera y perseguirme
gritando una lengua que había dejado de entender.

Pero anduve segura, sin remordimientos por lo que
                                                    [dejaba
y escapé de aquella calle justo en el momento que
                                                    [miraba atrás
comprendiendo que contemplaba un lugar sin
                                                    [retorno.

Y lo supe, allí había quedado mi infancia.

Me levanté con la certeza que a partir de entonces
debería ser yo quien escribiera las historias
por las que poder transitar.

El sol entraba por las rendijas de las persianas
y el día olía a recién estrenado.

OLORES DEL PASADO

Los recuerdos son olores del pasado
el aroma del café recién molido
el olor a jabón por las mañanas
la lluvia tras los cristales.
El sol calentando las sábanas tendidas
la fragancia de arropía en la puerta del colegio
el primer cigarrillo,
el perfume dulzón de las desilusiones.
Aquel tiempo que me hizo tiene sabor
a tostadas de domingo, a pan con miel,
a sueños usados y raídos por el tiempo.

EN EL PORTAL DE CASA

Vivíamos en un primero, si abría la puerta
se deslizaban escalones cercados por barras verdes
que se perdían hacia los pisos superiores.

Yo los bajaba corriendo, con la inconsciencia de la
                                                    [edad
saltaba al final del tramo encaramada al barrote
dejándome deslizar con una alegría sin adulterar
sobre un suelo grisáceo y recién fregado,
volando, apenas un instante de gozo absoluto,
antes de aterrizar insultante unas losetas más allá.

Con la prisa de la vida que crece,
el ímpetu del que tiene todo por descubrir
y la seguridad que te regala lo conocido.

Aquellas escaleras que se anegaban con las
                              [tormentas de invierno
prendían en mí el deseo de quedarme en casa.
Pero mi madre, como una heroína de cómic
se las ingeniaba para solventar las aguas
y depositarme seca y preparada en el autobús
                                        [rumbo al colegio.

Porque siempre fue mi madre la que se preocupó,
la que no desfallecía por educarnos y querernos.

No es fácil ser madre y padre a la vez,
mi padre navegaba lejos
por aguas más profundas que los escalones
                                    [inundados…

Más profundos serían los mares
pero no más importantes que por los que surcaba
                                    [mi madre.

ANTES QUE DEJARAN DE SER ROJAS LAS MANZANAS

El clima templado creció conmigo,
lluvioso, con el viento recio del estrecho.
Me enamoré de la humedad en cualquiera de sus
                                          [formas,
gotas que dibujaban los más bellos espacios.

Observando desde la ventana del salón el transitar
de las horas.

Resguardada entre sus cortinas verdemar
veía cómo la lluvia inundaba la terraza
con el equipo de música siempre encendido.
Los arpegios recorrían los sentimientos
y posaron en la memoria la sinfonía gris de los
                                          [inviernos.

El viento se quedó escondido entre mis versos,
su amor se forjó en cada esquina de mi tierra
la ciudad de las grandes cuestas que reposan en el mar.
El aire, fuera de oeste o este blandía su fortaleza
mientras todos aprendíamos a escuchar
en sus voces, el alfabeto de su murmullo.

La placidez de sus veranos y de sus fiestas,
la sal agarrada a la piel en los estíos más queridos.

Los camiones de los feriantes desembarcaban en el
[puerto
pintando de algodón dulce los recuerdos.

Grabado está en mi retina las luces de la noria
y el sonido de una exuberante algarabía
que marcaba la primera semana de agosto.
Los olores a pollo asado, a pulpo, a manzana
[caramelizada
trepaban por las calles y dormían en las aristas
[de las aceras.

Sensaciones ancladas en mi memoria
antes que la vida subiera el telón de las ilusiones
y dejara expuesto a un niño harapiento y descalzo,
a hombres que ajustaban las estructuras de las
[atracciones
a destajo, bajo el recio calor del estío
mientras las mujeres tendían la ropa
en cordeles sujetos a las caravanas
como si retuvieran los anhelos que no se atrevían
[a desear.

Antes que dejaran de ser rojas las manzanas
el viento me atravesó para dar forma a mi persona.

LAS HUELLAS DE LA INFANCIA

Somos traumas de la infancia. Heridas viejas.
Cicatrices que duelen con las estaciones
cuando forman la resonancia de un eco cubierto
                                        [de olvido.

Por muy feliz que fuéramos, siempre hubo un día
que fuimos protagonistas o testigos de la
                                        [desilusión.
Un abuso, un grito que desgarró el sentido aún
                                        [sin hacer,
una noche en la que nos sorprendió la imagen
                                        [árida del vacío.

Todos en algún momento sufrimos bajo la amargura
que no supimos nombrar ni dar forma. Asustados.
Cogimos nuestros miedos y los guardamos en el
                                        [cajón de la memoria
tirando la llave hacia el futuro con la esperanza
                                        [de no alcanzarlo jamás.

Pero nos atrapan, nunca se van demasiado lejos…
Sus cicatrices nos muestran los surcos de lo que
                                        [un día fue.

A veces somos de nuevo ese niño inocente
violentado con alguna traición, un mal gesto,
                                        [la incomprensión,

una secuencia rodada al destiempo de nuestra
[ingenuidad.

Todos llevamos guardado un muñeco roto,
un tren sin ruedas, una caricia perdida.

Unos más, otros menos, nos dejamos colgados en
[el perchero de la infancia
un abrigo descosido que nadie encontró jamás.
Hecho jirones cuelga de nuestra historia y sangra
[con los vientos de otoño.

Somos la huella de una sonrisa y la marca
[imperecedera de una lágrima.
Somos aquel llanto contenido cosido en el filo
[de nuestro corazón.
Herida viva. Cicatriz. Somos el pasado que
[siempre nos alcanza.

EL HOMBRE DE MI VIDA

Recuerdo el preciso momento en que te supe
la certeza que sólo sería contigo
de ti serían los besos, el camino, todos los puentes
y cada habitación por abrir.

Supe que me esperarías en mis caídas,
las veces que huyera, seríamos cómplices,
juntos, a pesar de la vida, en tu profundidad.

Descifré de las aguas que recogíamos
la melodía escondida en la lluvia
para regarnos con ellas los días por compartir.

Entendí que estaría a salvo de las sombras de mí
                                    [misma
de las tuyas también, de las masas, del desasosiego
y las infinitas encrucijadas del tiempo y el espacio.

De cada amanecer pintaríamos nuestra mejor versión
mostrando un semblante sonriente a los embates
                                    [de la vida.

Allí estaríamos tú y yo recomponiéndonos un cielo
donde poder mirar nuestras nubes, nuestras estelas
                                    [de aviones.

Somos juntos lo que ya habíamos sido.

En aquella discoteca a los pies del mar
desmesurada de gentes, de sonidos impetuosos,
me tomaste la mano con firmeza y sorteaste cada
                                        [obstáculo
con la precisión y seguridad de un mago.

Como el que a pesar de todo siempre conoce el
                                [camino de vuelta.
Nos besamos por primera vez, no fue mi primer
                        [beso, pero fue el único.

Quiero volver a descubrir tus labios bajo el
                            [tumulto de los días,
en aquellos donde me pierdo entre el gentío
que hoy se me antoja mortífero, sigo soñando
                                    [con tu mano,
necesitándote para andar por multitudes, para
                                [salvarme de mí.

Como aquella primera vez, como siempre.
Para desaparecer es mucho más sencillo llenar
                        [las calles y huir.

Ahora estamos solos con nosotros mismos
y las manos son las hojas que se esconden por
                                    [el jardín.

Hemos llenado los días y los años con los gestos
                              [que nos regalamos,
con la fuerza para superar la vida y las caricias para
                              [curar la amargura.

Mañana serás de nuevo ese cielo donde poder
                              [encontrarme.

SER MADRE

Los hijos son los que marcan el verdadero paso
                              [del tiempo,
perfilan los ritmos del día y de la noche,
se afanan en desaparecer bajo las sombras del
                              [mediodía en sus juegos
o en la pulcritud fría del invierno a la salida del
                              [colegio.

Las fases lunares son el reflejo de sus sonrisas
                              [a medio hacer.

Sus miradas abiertas aprenden a definir los
                              [cantares del mundo
a descifrar la inmensidad del cosmos que
                              [construyen a cada paso,
aprendiendo juntos y a la vez como se fabrican
                              [los días.

Nos hablan sin palabras de lo que somos, de lo que
                              [queremos ser.

Todo se tamiza en la urdimbre de sus sentimientos,
                              [recién estrenados;
volvemos a aprender todo a través de sus inocentes
                              [miradas,
de sus manitas que traspasan las leyes de la física

ningún lugar es capaz de abarcar el infinito en tan
[poco espacio,
el universo se escapa entre sus diminutos dedos
para alumbrar tu vacío y llenarlo de un amor sin
[definición.

Podría hablar de sensaciones, pero ningún recurso
[estilístico
me otorga la capacidad de expresar lo que se vive,
solo nombra de pasada la cola de un cometa
[inconmensurable.

Crece el verso puro día a día, mes a mes, año tras
[año.
Nada hay tan inagotable, tan lleno de vigor, fuente
[de vida.

Qué difícil no proyectar en ellos nuestros fantasmas,
miedos y frustraciones, nuestros conflictos no
[resueltos,
tan difícil como necesario no violar aquello que le
[es propio
su individualidad, su ser sin adulterar… ya se
[encargará la vida.

Saber estar cuando lo necesitan es tan importante
[como la ausencia.

Se instala un miedo irracional, sin vocablos que lo
[definan

y debes aprender a esconderlo como oculta la
[arena de la playa
los objetos perdidos, las conchas enterradas por la
[marea que viene y va.

Ser madre significa entender la existencia a través
[de sus sentimientos,
sin corromperlos, sólo convirtiéndonos en cobijo.
Callar a pesar de querer gritar, correr sin fuerzas,
[llorar a escondidas
dejar de ser por siempre uno con la abnegación de
[un verdadero creyente.
Saber coger y saber dejar.

Ser madre es parecido a ser mar, los barcos lo
[atraviesan,
las gentes se sumergen en él, el viento lo encrespa
la calma proyecta los reflejos de cada uno de los
[astros.

Arriban a sus costas constantes y silenciosos y
[dejan un día,
que jamás es lejano, que las naves surquen las
[aguas a un destino propio.

Ser madre es el único amor sincero, callado y
[sólido como el mundo.

HÉROE

Si alguna vez pudiera viajar al pasado
me gustaría hablar con Jesús.

Poco o nada me importa que fuera o fuese hijo de
                                        [Dios
me gustaría que me besara la frente,
encontrar esa paz que nunca encuentro
derrotar esa soledad interna que todos tenemos,
esa que te arrasa la vida sin descansar.

Querría abrazarlo y llorar.

Me interesa más como hombre,
como hombre es mucho más que un Dios.
Hay que erigirse más fuerte si tu padre es carpintero,
más inmenso en la bondad,
más rebelde ante las injusticias.

Alguien que da su vida por salvarnos,
aunque solo sea una ilusión,
o es un loco, o un héroe o de verdad es Dios.

Dar de comer al hambriento
de beber al sediento, cobijo al que no tiene,
vista al que no ve, paz al que sufre,
consuelo a la soledad…

Sólo un héroe sabe dar tanto.
Conocerlo y saber de su verdad si la tuviera.

Si fuera Dios me postraría a sus pies
con la humildad de la hoja caída en otoño.
Contarle en lo que nos hemos convertido
y volver a llorar, esta vez juntos.

De nada sirvió su cruz, ni su dolor, ni su sacrificio.

Sólo quedan sus palabras que algunos intentan
                                    [adulterar
su muerte nos recuerda que todo lo que dijo,
todo lo que hizo, aún está por entender
como las lágrimas de un mundo empeñado en
                                    [destruirse.

Si pudiera, cuidaría sus heridas, igual así podría
                                    [dormir en paz.

HERIDA PROPIA

Nosotros somos como Roma,
llenos de historias acumuladas por los años,
las que nos han ido emblanqueciendo el pelo
con los secretos más íntimos, aquellas de los que se
                                    [dan amor,
las que serenan nuestros pasos por calles adoquinadas.
Historias sobre historias. Sueños cumplidos y por
                                    [inventar.
Porque la vida se inventa.

Somos entre la multitud serenas columnas
que enmarcan la plaza de nuestra vida juntos
no necesitamos planear la existencia,
nos gusta comer en la trattoria de la esquina
un buen plato de pasta sobre un mantel de cuadros
                                    [rojos y blancos
mirándonos a los ojos, como una pequeña nave
varada en un tiempo sostenido por algo parecido a
                                    [lo auténtico.

Somos sin quererlo dos almas afinadas en do mayor
todos los arpegios los tocamos acompasados
y sabemos disfrutarnos los momentos que la vida
                                    [concede
ante lo inmenso o sentados en una plaza viendo las
                                    [aves volar.

Somos ya parte de nosotros mismos,
la vida regaló encontrarnos
y juntos intentamos conservar el milagro
de vernos cada mañana para abrazar los días.
Soy herida propia de mi historia
acurrucada en los brazos de un sueño plácido que
[jamás imaginé.

Todos los cuentos son tu mirada (2021)

¿Cómo se formula el engranaje de cualquier historia? ¿Cómo su tiempo inexorable? Cuando la palabra deja de preguntar. Cuando se olvida nombrar sólo queda el cuento. La historia que por fin te ha alcanzado. Nombrarte. Gritar la esperanza y sorprender con la alegría. Porque al final de cada día todos los cuentos son tu mirada.

* Segunda edición: 2023 (ampliada).

Cuando ya se ha cumplido
medio siglo de llanto,
te hace más daño todo
y no te importa tanto.

Gloria FUERTES

LIMITACIONES

Gritaría,
pero no puedo
envuelta en este cuerpo
indiscreto e insignificante.

Alzaría la voz
hasta una nube inmensa,
hasta la tormenta de julio,
hasta la arena ardiente
del desierto más cercano.

Si no estuviera atrapada
en mi incompleta forma humana
sería, quizás,
el río que llevara tu mirada
hasta los confines del mar.

Allí donde el horizonte
se estrecha en un abrazo
siempre inalcanzable
bello e irreal.

CAPRICHO

Pintaría este cuadro
en el que me hallo
con el marco inusual y plácido
de finales de un mes errante,
uno que deje templadas las habitaciones
y no quiera nombrar ningún ocaso
ni numerar las horas en tus ojos.
Que permita volar las voluntades
y carezca de fecha de caducidad,
y en ellas, perfilada por tu torso,
tu mano acariciando levemente
el hueco inexistente de un deseo…

EL TIEMPO

Mientras delineo el contorno de mis párpados
tiembla el vaho en las paredes del baño.

Es tarde para ducharme
y más aún para pintar los ojos,
cojo la toalla para borrar el cuadro
de agua evaporada en el espejo
donde a duras penas se adivina mi imagen.

Un rayo se filtra por la ventana.
El colorete cae y empolva el suelo azul,
hoy no he tenido buen día.

Lo peor es no encontrar motivo alguno
para este tiempo pausado que sin excusa
secuestra mi ánimo una vez más.

Extiendo la crema por los pliegues de mi piel
y rocío de perfume la línea curva de mi cuello
que se desliza hacia los hombros.

Doblo las muñecas, las rozo con suavidad
atrapando una gota que explota
en el hueco interior de mis manos,
las acerco a la nariz y aspiro
lenta y profundamente.

Descorro la cortina de la ducha.

Tantos años, tantos momentos repetidos
y hoy, atrapada por la lentitud de los minutos
observo una hormiga que corre a refugiarse
en el borde oculto del grifo.
El brillo de esa luz atrevida
se refleja en el lavabo repleto de tarros.

Suena el teléfono.
Dejo que suene hasta cansarse.

Me visto sin mirar mi cuerpo en el espejo.

Yo no soy esa, soy el polvo derramado,
la línea marrón de los ojos,
el sueño de una gota impregnada del olor de los
años,
el vaho que se escapó a lo largo de la vida,
la que solo quiere una toalla y aloe vera.

Que pase la vida no me preocupa,
me preocupa mirar en el cristal limpio
y no encontrarme.

LAVÁNDULAS

Sorpréndeme con un día envuelto en celofán,
sin abrir, con la ilusión intacta y el cielo claro.

Con el aire de poniente justo
y el tibio beso de los pinos.

Sorpréndeme con los olores de una tierra virgen,
con los mares ocultos a los hombres,
con la piel de los dioses, aunque no existan.

Regálame el aroma de todos los árboles
y una tupida alfombra de lavándulas y romeros.

Cúbreme con los colores de los despertares del sur
o esos naranjas y fucsias del Madrid de los ocasos;
concédeme el perfume de las especias marroquíes.

El sabor inocente de la sonrisa de un niño
que corre, libre, vestido solo de vida.

Con una nueva mirada muéstrame
otro camino que lleve a la cumbre,
posa en mi boca los dátiles dulces de las palmeras.

La esencia salada de la inconsistente felicidad,
sorpréndeme con la alegría.

QUISIERA

Quisiera ser las palabras
que nombran lo que veo
y solo emborrono el papel
con un boceto inapropiado,
inexacto de lo que siento.

Quisiera ser la voz apacible
de una historia que te secuestrara
y solo llego a hilar frases con un sigilo
que no podrá jamás hacerte mía.

Quisiera ser el callejón
que llega a casa sereno
donde las farolas proyectan sus ojos
hacia un pavimento impoluto y callado.

Pero soy la colilla que se acumula
en el borde del mundo,
escondida bajo miles de restos
de lo que fue y ahora solo es olvido.

Quisiera ser capaz de expresar
aquello que no se puede decir,
de cantar ese acorde aun no escrito.

Quisiera ser quien te besara los labios.

EL JUEGO DE LA SEDUCCIÓN

Hay un gato sobre el brezo
posando sus manos en los macizos.
Un gato bien vestido,
con maneras de director de banco.

No me gusta ese gato,
sabe demasiado de mí.

Sin duda marcó cada rincón del jardín.

Un gato con modales exquisitos
danza de izquierda a derecha
sin dejar de mirarme.
Desafiante.
Muy seguro de sí.

No soporto su certeza,
me tantea con paciencia
mientras se lame las patas,
piensa con la exquisitez de un don Juan,
es sin duda inteligente.

Desconozco su propósito,
quizás solo sea un juego de seducción
para ronronear entre mis piernas
sus estudiadas y fascinantes mentiras.

Él sabe que yo cederé
que solo soy fachada,
será el amo de mis decisiones…

Ahora mismo solo soy dueña
del cristal de esta ventana que nos aleja.
Sé que si la abro me expondré
al baile ritual de su convencimiento
y se lanzará con sus garras abiertas
para reinar mi sillón.

Un gato con sus guantes de pelo blanco
me retará a una batalla estúpida
que yo aceptaré.

ARISTAS

Hay un cielo encorsetado de nubes dóciles
enmarcando este lineal encuadre.

Nuevo, blanco, por controlar.

A pinceladas dan forma al lienzo que observo.

Este horizonte recién descubierto
forma un caos maravilloso de cielo cuajado.

Hay algo en mí que descansa
en las aristas perfectas y serenas de la fachada.

Soy esa nube tricolor
que lucha por no perder su forma.

Un moderno espacio donde encontrar
la nueva apariencia de mi imaginación.

Y de nuevo la nube y la arista
se traducen en estos versos
que desde hoy mirarán con extrañeza
por el hueco de unos ojos inéditos.

De repente dos cigüeñas sobrevuelan
un ángulo insólito y perspicaz
con la grandeza de sus alas.

EL VIENTO

El viento en su alfabeto
lleva escrito las historias
de las gentes que deja atrás.

Se lleva tu primer amor y el mío
cosido a sus alas,
su mirada y hasta su nombre.

Los silencios de la infancia,
los anhelos juveniles,
los primeros fracasos, las desilusiones…

Deletrea nuestra pasión llena de arpegios
con la suavidad de la primera caricia
que le dimos a un hijo
o el ímpetu del desvelo ante sus errores.

También se lleva los nuestros.

Secuestra frases que jamás volveremos a decir
instantes olvidados tras el borde de un tintero
y los va difuminando por el espacio
donde corre su naturaleza tenaz.

Quizás encuentre otros aires que me dejen
la tez fresca sin dudas ni lamentos

y en el sentir de mi vida madura,
de esta nueva vida, su alfabeto
nombre las cosas que aún tengo por descubrir.

DESCUBRÍ QUE TU ABRAZO ES INFINITO

Descubrí con los años
que los ángulos muertos
solo existen en la inocencia
de una mirada inexperta.
Con la madurez
y el sosiego de la experiencia
se ilumina ante los ojos
los espacios ocultos.
Allí donde las sombras
juegan a reírse
de tu ingenua percepción.

Con medio siglo a la espalda
aprendí a mirar las esquinas,
las hormigas, los restos de papel
volando tras la verbena de la vida.
Aprendí a observar cómo se acumula
el polvo en las esquinas
donde diminutos tornados
lo obligan, con insistencia,
a permanecer siempre en el mismo lugar,
con la misma perspectiva
esclavo de una sola reflexión.

Con los años,
entendí el placer de escucharte

en ese silencio que nos une,
a tirarme sin remilgos en el sofá,
a beber cerveza, aunque engorde.
Descubrí que tu abrazo es infinito
y que la mañana no empieza
cuando sale el sol…
comienza cuando me rozas
con tu pie bajo las sábanas.

CONDICIONAL SIMPLE

Ahora mismo gritaría el nombre de las cosas
si las supiera…
saltaría desde la terraza del primer piso
y al caer
rompería las losetas del porche,
correría por los pinares del horizonte
tirando piedras a los grafitis
de los muros abandonados.

Olvidaría los pasos de cebra
para arrancar esas tontas flores
de los arriates urbanos y pintar
un corazón roto en la parada del bus.
Rompería todos los sobres de los buzones
si pudiera,
extraería esta mediocre cotidianidad de los días
para lanzarla contra la valla del vecino
sin dudarlo y sin ningún remordimiento.

No escucharía a mi familia
ni ordenaría los libros,
me daría igual la lista de la compra
y olvidar apuntar papel higiénico
tan poco sutil y tan necesario.
No haría gimnasia
ni preguntaría a mis hijos qué tal…

Ahora mismo nada, ya ves.
Nada podría ni querría,
si por un momento pudiera dejar de pensar
y sentir como lo hacen los árboles
sería el pico de aquella montaña
que me da la perspectiva de mi insignificancia
y descansar.

A VECES CUANDO NADIE ME VE

A veces cuando nadie me ve
me pinto los labios de rojo
y me deleito con su untuoso tacto
perfilando con cuidado los bordes,
frotándolos entre sí con suavidad.

¡Y allí están labios Rolling Stones!

Me observo curiosa en el espejo
que me devuelve, sin acuso de recibo,
una imagen fría y segura de mí,
se podría decir que hasta interesante
y muy lejana de la mujer que considero soy.

Con estos labios
podría haber sido cualquiera,
alguien muy distinta
que no necesitara escribir labios
tan solo hacerse con ellos
y salir con su rojo intenso
como baluarte por el mundo.

A veces, cuando nadie me ve
me disfrazo de melancolía y dejadez
intentando encontrar
ese bello encanto de lo decadente,
porque a eso me recuerdan mis labios Stones.

Una opulencia pasada de moda
sensual y atrevida.

En verdad nunca necesité el rojo
para ser osada ante el mundo,
me gusta lamerlo con los labios sin pintar.

Solo que a veces,
necesito esconderme tras mi propia boca
delineada con historias que imagino,
ser el rojo en el camino de otra
que estando en mí nunca soy.

ENERO 2020

Ahora, al borde de unos días
dónde se abren espacios insólitos,
las dudas y las experiencias
apaciguadas por la edad
me convierten en una ladrona
que se mira a escondidas.

Una ladrona que busca su botín
enterrado por mil reflexiones
casi todas inútiles
pero adheridas a la piel
y a las córneas de los ojos.

Mis mentiras no me olvidan
y mis verdades enmohecen
una a una a la sombra de los años.

Brotaron de los cipreses hojas maduras.

Ayer pensé que nada había servido,
que mis penas y alegrías
solo fueron una fina capa de óleo
perdida en la perspectiva
de un cuadro viejo,
que aquello que sé
lo aprendí a hurtadillas
tras la mirada de algún extraño.

Que me amaron menos de lo que creí
y que amo poco a quien todo me ofrece.

Que los atardeceres de invierno
no siempre son rosados.
A veces son naranjas
y otras, simplemente se extinguen
con la mortecina desgana
del final gris de un día sin nombre.

MURALLAS DE ÁVILA

En la piel
este sol de invierno
late con fuerza
las horas del mediodía.

No alcanzo a oír
el trino del pájaro
que mide los momentos.

Rodeada de la piedra
erguida de la muralla
se abre paso
el tañer de una campana.

El rugir de un coche
y el grito de una bisagra
abre la puerta a una nube.

Me acomodo en mi asiento
como una salamandra
al abrigo de una piedra caliente.

Esta nube deja libre
el aire fresco de febrero.

Un palomo entona
un canto inoportuno.

El sol se fue y arropa al cielo
una blanquecina capa
que nos llena las manos
con gotas de alma.

Juntos tú y yo
al abrigo complacido
de un nuevo invierno.

CUENTOS

Todos los cuentos se quedan pequeños
para contarte lo que está sucediendo.

La luna clarea con su túnica blanca
las noches que cubren los días
y los espacios se concentran en huir
con las voces que los vecinos callan.

Las pisadas de los hombres se sostienen
ancladas en una esquina
con los ojos perdidos en la incertidumbre.

Entonces los cuentos se vuelven importantes
y me permiten quererte
entre las sombras y los miedos.

Me autorizan a escribir estrellas,
posarme en el lado opuesto a la amargura
resbalar por el borde de la esperanza.

Llorar juntos y reír lamiéndonos las lágrimas.

Ver pasar las horas de un tiempo
que dejó de medirse en el reloj de la pared,
porque ahora, las horas se miden distinto,
los días solo tienen noches sin principio

y alguna vez algún ocaso tiene un final,
otros, un leve amanecer
inunda algo parecido a unos minutos.

Y este cuento no termina, solo descanso
al final de tus ojos donde todo parece ser.

Todas las historias que quiero escribir están a tu
[lado.

Todos los relatos que me importan,
todas las leyendas que quería encontrar
están sentadas junto a mí, me miran
en el callado transitar de estos momentos.

Fuera empiezan a crecer brotes
y he contado mil pájaros errantes.

Diez libélulas se congregan en mis macetas.

Todo parece tener mucha más vida
cuantos menos cuentos contamos.

La tierra parece colarse por el patio
y en el silencio de las carreteras vacías
corren ciervos y jabalíes.

En las aceras crecen insultantes las amapolas.

Porque al final de cada día
todos los cuentos son tu mirada.

DE ESTE LADO DEL MUNDO

Aprendí a plantar versos
en las macetas desnudas de la verdad.

Secuestraron el futuro,
desapareció en el perchero
junto al abrigo que nunca utilicé.

Se escondieron los planes
bajo el seguro resguardo del cojín.

Ni un solo sonido se escapa
del piano atesorado en una esquina.

El adiós nunca fue tan largo,
ni tan incierto un hasta luego.

Las sonrisas me las llevo puestas
y ahora sí, todo lo estreno,
las libretas, los cubiertos de la abuela
guardados para una ocasión especial,
no se me ocurre ninguna más especial que esta.

Las cajas de sorpresas nunca estuvieron tan llenas.

Se difuminan los proyectos
en esta continua lucha por sobrevivir.

También están los que se rinden al desprecio
con esa risa necia de los irresponsables.

Se han quedado vacantes
las entradas para el mañana.

Jamás tuvo tanto peso el momento
todos los tiempos verbales terminan ahora.

Mientras, los cipreses crecen por el aire
y los jazmines envuelven de olores
cada rincón de este lado del mundo.

ME URGE

Me urge tenerte. Quemarme al sol.
Poner crema en la piel escrita de un día vivido,
rascar el recuerdo de pintura en el óxido de una
[verja.

En la tierra respiran lombrices rosadas,
despacio germinan sonrisas diminutas
verdes como un corazón profano.

El avión traza un cielo demasiado claro para febrero.

Me urge estar unida a tus manos, a tu boca,
entrelazada a cada momento de este hondo presente
al melancólico pasado, desde el engañoso mañana…

Cada uno de los vientos, de los astros, de tus gestos.
Los surcos por donde un día corrió el llanto,
los caminos donde pensarte.

Esta tarde que será cuando la nombres,
el lejano atardecer donde descansa el transcurrir de
[la vida.

La luz, el caramelo, el sueño salado de la mar;
respirarnos juntos y a la vez el momento.
Me urge la vida y tus versos.

EL CONTENIDO

En un torrente no solo hay agua,
están disueltas las esperanzas, risas ahogadas,
las cubiertas de los sueños, un recuerdo anegado.

Los recortes de la infancia.
Un lazo morado, otro blanco,
pañuelos viejos, una cajita de sonrisas,
un posavasos marchito.

Algodones dulces y salados,
gritos extinguidos. Llantos.
El primer beso de un joven,
la mejilla blanca donde reposan las ilusiones.

En un torrente hay mucho más que lodo y arena,
habita la proporción de todo aquello que navega
por las tardes de nuestra memoria.

RECUERDO

Un verano descubrí el gusto por las horas tempranas
                                          [del día.
No se me dieron nunca bien los idiomas
y andaba aquellas mañanas
por la línea que cortaba la distancia
entre mi casa y las clases de inglés,
con esa esperanza de los padres, casi inocente,
de que aprendas.
No creo que me sirviera para mucho más
que dejarlos satisfechos.
Tampoco hubiera tenido opción al desacuerdo.
Pero a cambio, como siempre,
cualquier acción te ofrece algo
y a mí me ofreció los calmados amaneceres,
la silenciosa marcha del despertar de la ciudad,
los templados guiños de un sol frente a mis pasos,
el paisaje claro, el salitre en la piel... la vida.

El monopolio de los árboles (2019)

¿Cómo la ausencia? ¿Y el dolor de tu perdida? Tamizado por el tiempo tejo sonrisas a las heridas que jamás sanaran. Esa punzada seca que el recuerdo cubre de madreselva. En sus flores palpita un beso inasumible. Un duelo pintado con las voces añiles de nuestro mar.
Como el engranaje de un reloj, poco a poco... Tic tac... hacia el cielo.

* Segunda edición: 2021. Elegido entre los doce mejores libros de poesía por la Asociación de Editores de Poesía (A.E.P) en el 2019.

A la memoria de Antonio Estremera Canca.
Mi padre.

ALGO ROTO

Mientras muere mi padre
el tiempo ya no es el mismo.

Me acompaña hueco
en el transcurso solitario
que llama a la muerte.

Todo parece suceder en un engaño.

La luz fría de los pasillos se detiene
en el café de la máquina;
me asombra su delicado sabor,
perdida intento tragarlo
entre los llantos de mi garganta.

¡Está rico este café!

Un aire de final entumecido
golpea mi aturdimiento… ¡Voy!

Sonrisas esculpidas en muecas de dolor
me saludan cabizbajas a mi paso.

Lento e inútil.

El roce continuo del adiós
enfría los suelos.

Abro la puerta…

Y mientras desaparecen las horas,
algo roto crece en mi interior.

EL MONOPOLIO DE LOS ÁRBOLES

En el monopolio de los árboles
tus cenizas quedaron inmóviles.

Arreciaba un viento incómodo.
Insolente.

Descaradas se desplomaron,
una vida pesa demasiado.

No volaron como esperaba
suspendidas a cámara lenta
sobre los aires.

Era un día con sol, frío
y miré sin ganas.

Nada que ver ni sentir,
solo un profundo silencio
y la certeza gris
de un recuerdo inconsistente.

Tan absurdo y pesado
como el fin abrupto de tu cuerpo.

De tus restos esparcidos,
pronto de ti, las ramas darán descanso.

LA HERENCIA

Me dejaste el litoral y la calidez de las costas.
Los viajes, el mar,
la forma de la nariz.
La piel morena.
El amor a la aventura, el recorrido largo
la sencillez de tu mirada.
Tu obcecación.

Por descubrir la belleza de la luz
tras las sombras,
atravesaba este país recién estrenado
para embarcar en aquellos navíos
que mostraron ante mis ojos
lo grande que son los océanos.

Me dejaste las escaleras del puente,
la comida a las doce,
las cenas de las seis,
las cartas de navegación
y los dedos de los pies iguales.

El amor por un horizonte que descubrir
aunque no siempre fuera el mismo.
El buen apetito,
el orgullo, el esfuerzo
y la inocencia infinita.

El gusto por lo exquisito.
Un poco de tus ojos saltones
y nada de tu gusto por el ajedrez.

Me dejaste la libertad del aire,
la densidad de la niebla,
el amanecer entre el oleaje,
una protuberancia en el cráneo
un hoyuelo en el mentón
y la fortaleza para vivir los sueños.

UN BESO

Cuando se muere el padre
se le enaltece de nuevo.
Como el renacer infantil del sueño
o las mareas moradas del invierno.

Te vuelves de nuevo pequeña
como en aquel cuento,
y con los duendes de esos mundos
le pido un beso.

Ruego el nombre del astro
del que me hablaba las noches limpias
de otoño en la terraza de mi niñez
al borde mismo del firmamento.

Cuando se muere el padre
algo queda parado en lo eterno,
como el engranaje de un reloj
poco a poco… tic tac… hacia el cielo.

ABRIL

Hoy ya es abril, el susurro de tus ojos
se esconde entre las flores malvas.

Este cielo armado con ramas de nubes
y muñones de nudos enverdecidos,
me sostiene.

Tu campo sediento,
el polvo oculto de tu cuerpo.

Todos lo meses encienden
de sobremesa tu jardín.

Las macetas hay que airearlas
que tienen pintadas de muerte las entrañas.

EL HÉROE DE MI INFANCIA

¿Por qué fuiste el héroe de mi infancia
para convertirte en un ser terrenal
a veces asustado y perdido?

¿Por qué dejamos de pensar igual
y deje de ser tu ojo derecho?

Te convertiste en hombre
con las dichas de un hombre,
la historia de un hombre
las lágrimas perdidas del hombre.

¿Por qué no fuiste especial
como imaginé entonces?

Solo un ser
empeñado en protagonizar
su propia historia.

Como hacemos todos.
También un padre.

A la vez que el ídolo
se transformó en humano,
la niña se convirtió en mujer,
en madre, en poeta sin héroe.

TRAS LA MUERTE DEL PADRE

Tras la muerte del padre
no existe el ladrido de los perros,
el trino del gorrión anda a ocultarse
en la manguera del jardín.

Toda la luz de esta tarde tibia de junio
se aleja en la inconsistente
medida de tu extraño adiós.

Un no estar físico
que dibuja los contornos
de tu eterna presencia en mí,
de tu infinita huida.

En estos geranios,
que este año nacen
con una fuerza casi insolente
fucsias, rojos, algunos con encajes
ensangrentados de vida
se quedó mi última inocencia.

Quizás tus cenizas llegaron
hasta la tierra de mis cimientos
o tu mirada de luna
hechizó la tierra de rosas tempranas.

Tras la muerte del padre
se hunde la barandilla imaginaria
que protege la orden,
a veces buena, otras terribles.

En tu ida se deslizaron
nubes por el hueco sin retorno
que me dio el tiempo.

Entretanto florece azul la margarita.

LA OSA MAYOR

¿Por qué la vida nos hace esto?
Nos lanza con descuido a lo real.

Nos expone a la falta del padre,
exhibe su terrible humanidad.

¿Por qué nos recuerda su ser incompleto?

El vacío de aquello
que nos es tan necesario.

Y le quita la capa al héroe
y le afeita la barba de filósofo
y le corta las manos que te sostienen.

Este desecho de muerte,
no solo se lleva su cuerpo,
se lleva la idealización
quien sujetaba la bici
quien te compraba un regalo
quien te dejo de entender.

Aquel que prefirió la muerte.

La codicia de mis ojos se ahoga en tristeza,
se llevó quien me mostró la Osa Mayor.

COMO YO

Yo seré también
una madre que se muera,
una mujer vencida por lo biológico.

¿Me volveré egoísta y malhumorada
vencida por el desánimo
del final de las horas?

Seré ante sus ojos
el telón de mi propia historia.

Tan lejana de sus inquietudes…
tan sola.

Me recordarán a veces con cariño
otras, abatidos y enfadados
por la humanidad y sus defectos.

¿Seré
superficie deslizable e incomprensible
de donde se alejen mis hijos?

Nunca más podré hablarles,
el eterno desprecio de la muerte
me dejará de nuevo,

y a ellos solos, o lo que es lo igual
llenos de sí mismos.

Como yo.

POR LOS CAMPOS

Pesaba el aire cálido,
con sus cadenas de lluvia
sembró las jaras y las retamas.

Su azote fresco empezó
a filtrar las tierras
a sacudirlas del miedo.

Campos llenos de verdes
campos cubiertos de polvo.

Pesaba mi memoria
que, vencida por tu marcha,
tronaba al límite de la aceptación.

La ira de la tormenta abofetea la vida.
Mientras, en el transcurso de las horas
la lluvia se llevó tu aliento…

Por los campos llenos de verdes
por los campos cubiertos de polvo.

DICIEMBRE

Copos que no caen,
que rasgan con corrosiva nostalgia
ese almendro que vuelve.

Tú nunca más podrás hacerlo.

Y recuerdo las cenas de mi infancia
decoradas con esa luz de tristeza
y añoranza que te da los años.

Estoy tomando café… descafeinado
y en la pantalla del televisor suenan villancicos.

Un año más, al fin y al cabo.

El primero que no estás, y algo
desgarra las tarjetas que nunca mandaremos.

Todos nos sentimos culpables
de no haberte dicho
de no haberte dado
entre este frío impertérrito
de un invierno que se repite.

Y en cada árbol adornado,
en cada décimo que jamás comprarás,

huelo tu piel e imagino
aquellos grandes ojos
como guirnaldas de luces
que se apagan y se encienden.

Una mirada que duele.

Un tiempo para llorarte posado en un portal
o prendido en un neón
tu beso de siempre sobre mi frente.

RESTABLECIMIENTO

De estas horas
que devoran sin saciar la tristeza
no quiero más
pues nada da por terminado.

Ya fue tarde.

Solo queda anudarme al deseo
y dejar que la muerte se arrastre. Lejos.

Empezar de nuevo.

Otra historia que sigue
en el cuento por contarte
de lo que viva mi vida.

Un susurro de final.

Un malestar aferrado
como la lepra emocional
a una presencia imposible.

Promiscuo y minucioso.
Uno goza de casi todo…

Van tocando campanas de recuperación,
hasta el sufrimiento se acaba.

Ahora ansío otros proyectos
que den forma a mi propio cuerpo,
a mi pensamiento.

Suaves como abrazos
quiero desprenderme
de tus recuerdos de muerte,

de la culpa siempre inevitable
del paso del penitente
del adiós.

Quiero dar sepultura a mi dolor.

Aceptar lo que siempre fuiste:
esa parte indescriptible de mi ser
donde vivirás para siempre.

EL DUELO

El tiempo aleja tu despedida,
agarra la luz y la estrangula
intentando silenciar el quejido
en el empuje de los momentos.

Un año.
Dicen que esto es el duelo.

Yo solo sé lo que siento:
El estrecho reflejo de tu
inmutable recuerdo.

Tic... tac… marca el reloj su espacio.

La luz de un faro en la mar,
el ensueño de un pavimento mojado.

En el tránsito de la eternidad
tu memoria estará presente
en el lóbulo de mi oreja.

Otro invierno se desliza
por las escaleras de esta vida
empeñada en subir y bajar.

DE NUEVO MAYO

Acompasa la serena crecida de los campos
un manto de sonrisas expectantes
deseosas de colores, de malvas y amarillos.

Amapolas rojas y blancas
van cubriendo la tierra de tu descanso.

Y suspiro con los trinos enardecidos de todas las aves.

Las estaciones marcan la distancia.

Nada ha cambiado,
pero todo se siente distinto... lejano;
tus manos y sueños duelen menos
aunque siempre están presentes.

Luchando por permanecer el sol
tras las nubes ociosas y llenas
llueve sobre mojado.

El barro deja la marca de un nuevo
rastro de agua.

La lluvia lleva tu voz para esculpirla
en la memoria de las piedras
que siempre son eternas.

Tengo nuevos sueños que deletreo
con fragilidad
tras los apuntes del viento.

Y te sostengo en mi recuerdo sin lágrimas
como un ramillete de flores y romero,
como el aliento incansable de una nube
que esboza tu caricia sobre los cielos.

Las tierras
que nos cubren
(2016)

¿Cómo decir del sinsentido? Abarcar el silencio. Sobreponerse a la realidad, vencer al mundo interno. Enfrentar el reflejo cruel de uno mismo. Lo descubierto. La placidez de la lluvia.

Miguel Galanes en el prólogo de este libro dice: «…Casi desde la negatividad del decir, el no decir lo que esperamos que sea dicho. Cuando el conocimiento participa de la vida desde el mundo interior no necesita de fechas ni de ciencia, ni dispone de demostraciones al uso. Aquí obra el silencio…»

Para abordar la escritura
hay que ser más fuerte que uno mismo,
hay que ser más fuerte que lo que se escribe…

Marguerite DURAS

FANTASMAS

Las palabras que debiera soportar
languidecen a la espera del tiempo.
Se estrangulan, con la torpe armonía
de estos muros huecos
que surgen en las entrañas de la vida.

El momento, que ensordece
la vasta locuacidad de lo inverosímil
repite el eco sordo
de sus letras por tu oído.

El paseo fantasmal de los fonemas.

Nada se nombra desde entonces.
Todo, se hunde tras el destierro
de aquello que anhelas en tu escucha.

Solo crepitan las flores muertas.

Sin el supuesto sentir, su alcance
se diluye en las edades del hombre.
Libres de razones, buscan conquistar
los gritos mudos del sufrimiento.

En el frío eterno de las nubes
se condensa tu sueño extraviado.

RESIGNACIÓN

Aquel momento turbio
decidió por mí.

Busqué los palacios ocultos
entre los escombros del mundo
y no supe encontrarte.

Tras las hoces,
circulaban tranquilas
las aguas.
Quietas emanaban
por los cauces traslúcidos.

Equipajes sedimentados
en los fondos lodosos
de cualquier vida.
Incluso en la más feliz.

El largo transcurrir de los hayedos.

Los recuerdos amarillos
se transformaron en sonrisas
de ancianos verdes,
en la resina de un pino.

Perenne.

Como el otoño,
rumbo a un tiempo donde perderse.

ESA MUJER

Esa mujer no puede precisar,
cree saber la proporción
entre las motas de polvo
que transitan la luz.

Es en todas y en ninguna.

Ella, permanece fiel
a un primer beso inexistente
que la define.

Capaz de andar por los infinitos
de una mirada prohibida
y sobrevivir.

Adentrarse por los ojos
codiciados de tus sueños,
ser su esencia y extinguirse.

Esa mujer es una por una.

Evaporó las aguas
que recorren el estío
fusionándose con el hielo
que precipitó los campos.
Se derritió con el mundo
y siente su miedo.

Desvanecida en las pequeñas
esencias que todo lo cubren,
configura espacios permeables
donde aprender y luchar.
Lugares que transformar
en el cálido e inexorable
invento del amor.

Donde transcurre su existencia.

EL DOMINIO DEL SIN SENTIDO

Tengo miedo de que me atrapen
las mareas de las horas,
sin el forzoso retiro pasional
de las emociones, necesario
para expresar lo vivido.

Sin el suficiente alejamiento
solo quedaría mi muerte.

Saber lo que se ha escrito, devasta;
ponerse en el margen atroz de lo puro,
desnuda los pensamientos desechos
ante lo asolador de la verdad.

Para escribir hay que dejarse llevar
por el ancho dominio del sin sentido.

Y aprender a sobrevivir…

RESURRECCIÓN

El feroz recelo de conocerse,
el saber qué quiebra
y dibuja cicatrices en el cuerpo expuesto.

Una evidencia inocente y mortal,
como la lanza que se hunde en el costado
y expiará la vida.

El cuerpo vivo llamó a la muerte,
como el escritor a la palabra gestada
que transformó su entendimiento.

La resurrección de uno mismo
parte de la tierra seca del olvido.

ANGUSTIA EXISTENCIAL

Al escribir, busco los gritos ahogados
en los ácidos gástricos.

Los fueros acallan los alaridos internos.

Nadie sabe más de ti;
ni de mí,
nada te reconoce.

Aquello a lo que no engañas
es el eco de la existencia,
los lugares que jamás andarás,
los rincones donde no podrás esconderte.

Esos muros que te envuelven,
arrojarán los bramidos
que una vez pensaste
sordos a tus súplicas…

Y no será fácil olvidar.

Un relieve de flores ausentes.
El rancio aire del exilio.

Exploro la delicada renuncia
de la más terrible angustia:
la vida.

ENSOÑACIÓN

Huele amargo el olor a derrumbe.

Espeso como la mente de un loco,
perplejo como el crepitar del olvido.

Su pausado runrún
se acerca al principio de tus ojos
y se instala, insultante,
en el lado oscuro
de la memoria perdida.

No se pude eludir la firmeza
del vuelo de la gaviota,
ni la densa apatía del levante.

El vértigo que envuelve
los destellos enmarañados de su bruma.

Aquel amanecer distante.
Que solo corta, de paso,
las costas por las que vagamos.

LA DESPEDIDA

Fuera,
suena el eco de los objetos
que quitaremos.
Alguien desmontará montañas,
y en los huecos de las tazas
repicarán las odas muertas
de los espejos del pasado.

Los gritos de las paredes
se beben las marcas ausentes.
Aquella lámpara jamás
podrá alumbrarme.

Todo se verterá
por el pozo de la inexistencia,
y todo dejará de existir.

Ya no me sentaré
en la esquina indolente
de las luces del atardecer,
y no podré volver a ver
los destellos alborotados
que rebotan por los cristales,
nadie escuchará el vigoroso
alfabeto de las olas.

Ni sus gritos.

El silencio de la noche
desaparece en su derrumbe.

Nada anuncia el retorno,
y habré perdido
hasta las sombras de los sillones.
Los olores de nuestra vida
se perdieron en otro mundo
donde solo quedará,
el duelo deplorable de la despedida.

MIEDO

El horizonte gris limita mi ánimo.

Encadena sigiloso mi infinito,
descubre el final de las codicias,
de los miedos que surcan los vientos.

El fin de un mar ansioso de ecos sordos.
Del oleaje mercurio de todos los misterios:
la vela inamovible de lo real.

Una espuma blanca besa el granito de mis pies.

Lejos, en algún lado,
ruge el motor de una nave fantasma.

¿Cómo mediré el compás de las olas
cuando todo el mundo huya por el
inalcanzable fin de la lluvia?

LA NEUROSIS

Siquiera una sola marca
indisoluble y eterna,
una mueca inocente
que apenas se hace notar,
silenciosa y voraz.

Como el hambre del último muerto.

La desesperación de lo inconfundible
oculto a los ojos de los vivos.

Presente como el aire
en la necesidad imperiosa de sobrevivir.

En la lejanía, veo las luces
de su presencia en el mundo
pero no puedo acercarme.

Infinitos fusiles de intenciones.

Enmascarada tras sus voces,
me rodea.
Impide que mi voz llegue,
ni el persistente sonido del agua
acerca mi mensaje.

Una lluvia interminable e inútil, escasa,
ensucia la distancia que empeño
con la ancha y quebradiza
inocencia de lo perdido.

Intento avanzar,
pero un muro de lógicas
se componen armoniosamente a mi paso.
Su empuje
se configura cada vez más alto
en un infinito impreciso.

Inalcanzable.

Y un día como hoy, a pesar mío,
no tendré fuerzas para perseguir
luminarias imposibles
y te dejaré marchar.
Solo.

Con el frío desplazamiento de la despedida,
preguntaré, mientras muere la esperanza,
si de verdad fueron tan altos los muros,
la lluvia tan continua… tan escasa,
tan verdadera la inocencia.

¿O fue la ciega costumbre de no asumir,
que la lejanía,
solo es el punto de un horizonte
imaginado e inútil?

DESENCUENTRO

No sobrepasaré tus lindes,
perdona que te vista de palabras.

Tus labios ya no dicen
el sucio paso del tiempo.

Enmudecieron mis oídos.

Solo siento el espacio que deja
el continuo abandono de la objetividad.

Mientras, mis lágrimas
hoyan de lodo las pisadas del ayer.

Mi cuerpo se desliza
tras la promesa de encontrarte lejos.

Polvoriento.

Ese lugar constante se configura
a mi rededor.

Un hilo inexistente, tan fuerte
como el desprecio,
tensa el dolor de la experiencia.

Y sujeta
entre las ramas del decir,
la falta hueca, que de estar vivos
dibuja los márgenes de nuestro destino.

NADA HAY SOBRE LAS TIERRAS QUE NOS CUBREN

Nada desde que naces tiene valor,
nada,
ni siquiera los suspiros.

Desde que mamamos
todo es un sustituto,
un engaño.

No existen
las manos que te acunan,
o las voces que escuchabas.

Espejismos de brotes
que germinan las tierras.

Las cercas de los caminos
marcan el polvoriento paso
de la falsedad.

La falta que nos pertenece.

El empeño que sujetas
como si de ello dependiera el aire,
se lo llevó el inesperado paso del tiempo.

Vaga ya, sorteando lo que creemos tener:
la carencia desmesurada de lo vital.

Tus hijos y tu casa son espectros
de aquel banco sin memoria
encallado a las puertas del campo.

Todo, es una escena de
dulces recuerdos que inventamos.

Necesarios para sostener el ánimo.
Estructurándonos el aire.

Al final solo se encuentra,
si tienes suerte,
la caricia que te sentencia
sobre las tierras que nos cubren.

LO INEXORABLE

No me suceden las horas,
se quedaron adheridas
a las rejas oxidadas de una verdad.

Latentes en el tiempo.

Una maceta enarbola la vida
y adorna el ladrillo azotado y deforme.

Sobre la vida, la muerte.
Sobre mis ojos, tu llanto.

En la calle contigua asalta
el desprecio de los hombres.

Inverosímil y real.

Ventanas que charlan sobre las tumbas.

Palacios antiguos sobreviven
a la humedad de los días perdidos.

Los minutos
esperan tras las horas
el arreglo misterioso del paso por el mundo.

NADA

Duele esta tarde noche
vacua y perdida;
taciturna y gris,
de aliento gélido y lejano.

Me asfixia la palpable
soledad de sus horas,
la arrogancia tenue
del paso de los años.

Sin motivo aparece un invierno
cubierto de infinita tristeza.

El mudo cantar de la nada,
el recio despertar del viento.
Y una hoja putrefacta
se quedó sujeta en mi nostalgia.

El tacto
DE LA LUNA HIRIENTE
(2015)

¿Cómo se busca la vida vivo? Versos con palabras escondidas aún por encontrar y saber. Aún no nacidas, análisis a través del descubrimiento de aquello olvidado. Desde el anhelo virgen, en la lucha de los límites inconscientes.

Un reflejo por alcanzar, un silencio, una pregunta. La promesa de buscarme, el placer tácito de un sueño viejo.

Sombras que dan nombre... Quizás el mío.

Exhausta me recuesto al tacto profano de los campos y sus flores. Tu mar salado.

Algún día, besaré tu imagen perdida en la eternidad de este silencio.

*La vida de cada hombre es un diario
en el que trata de escribir una historia
pero escribe otra.*

James Matthew Barrie

I

Antes que la hiedra
pinte de rojos los atardeceres,
voy a sincerarme contigo.

Necesito hablarte, agarrar los sentidos
que latentes en mi buscan vida.
Brotar en ellos como esta hiedra vieja
que cubre los muros donde habito,
e intentar no caer por los acantilados
de mis trampas inconscientes.

Susurrar con suavidad en el papel
lo qué de mi aún no he aprendido.
Dejar huir este dolor
para narrar mi soledad,
compartir la desnudez de mi cuerpo
despojado de las falsas ilusiones.

Vestirlo con la humildad del sentimiento
que no cesa de escribir mi alma,
y dejar que el viento lo acompañe
sin ningún miedo,
libre para que lo atrapes y lo prendas
del anhelo de tus sueños.

Cuando la hiedra se desanude
de sus pesadas hojas

cubiertas de bermellón y tallos ocres,
y sus ropajes de cálida existencia
con las lluvias, alfombren los suelos,
quisiera llorarte mi desconfianza.

Tranquila, transitar sin luchas,
creerme en tus dedos y en tus letras
que formaran libres los sentidos,
para navegar de nuevo
por las aguas vírgenes de reproches
y los márgenes de los deseos.

Antes de que el frío
arranque los rojos anocheceres
necesito vestirme de hiedra.

III

Me quedaría mirando el mar el resto de mi vida,
y no habría perdido un instante
cabalgando en el sonido de tu ola,
deslizándome por el viento de tu alma y de tu
                                    [historia.

Me gustaría recordar lo que cuentas entre el oleaje,
no perder el rastro de las piedras que arrastras
para pulir el mundo de la nostalgia
y construir, sobre la arena del pasado, un cielo
                                    [infinito y libre.

Sentada entre los límites dibujados finamente por
                                    [las costas
otorgar con el vaivén de tus manos de espuma,
la facultad de poder sentir como si un hombre fueras
y dejar dentro de ti, anclada mi esencia.

Qué pudieras dibujar besos en las mareas de tus
                                    [sueños,
perderme en el nácar de tus reflejos de luna
para no ser ya mortal, ni humana, ni vida, ni
                                    [alma…
sólo sustancia que se evada por el corazón de mi
                                    [historia.

IX

Entre el amor y el olvido
los silencios de tu ignorancia
ya no me duelen.

No sabré ya de tus necedades,
ya no querré cambiarte.

Me habré ido
deslizándome por la ventana
de los sinsabores.

Y los silencios,
darán nueva forma a nuevas notas
perdidas en la noche,
en la luna, en la brisa…

Luego, cuando me haya alejado
ya no seré nada,
no sentiré, no lloraré.

Y por fin, podré viajar
sin que nadie me vea
por los besos de las noches
sin fondo de la existencia…

Si es que hubiera.

XIV

Anochece una vez más,
fuera de mi todo existe
y los negros que me cubren
llevan escondidos
las canciones que busco,
los aromas que quiero ser,
los sabores de la tierra
que prendida en las luces
apagadas de mi existencia
se marchan, y me dejan
reflejada en los oscuros
de ventanas ausentes,
por donde la mirada se encuentra
con los ojos de una cara
distante y fría.

Porque hace rato, se perdió,
como las fantasías despiertas,
escondidas entre las noches
de mi piel, que urge caricias
que de sobra sé que no vendrán.
Un llanto inadecuado que empaña
los cristales de mi ventana.
Y por fin te veo…
suspendido entre destellos inexistentes,
y de lejos, tú me sonríes

y desvelas los mundos ocultos
donde surgen los sonidos más bellos,
las palabras candentes,
los silencios que envuelven versos,
las sonrisas reales que con sinceridad
acarician los árboles y los vientos.

Anochece una vez más
y sólo pienso en perderme
por las impenetrables luces,
por los mundos estrellados y ausentes.
Sólo espero encontrarte de nuevo
entre los sueños perdidos de mi razón.

XVI

La certeza de un día lluvioso
es lo único válido.
La caída de sus gotas
por mi pelo y en mis manos.

La promesa de perderme con ella,
de empaparme de ella
de vivirme, de mancharme
de olvidarme.

La firmeza del ser porque siento
su fresca tibieza,
porque bautiza mis emociones
en credos libres de pecados.

El ruego de sentir
sus cálidos regalos,
su tierra humedecida,
sus hojas cuajadas de vida.

El esfuerzo de revivir
la tierra yerma y seca
los ríos sin caudal
los lagos sin fondo.

El plácido temblor de los días
y las vívidas experiencias,

las palabras gritadas con los ojos
dichas para que tú las sientas.

La certeza de quererte siempre
a pesar de las lluvias
y por encima de las tierras
que nos cubren.

XXIX

No quiero decir adiós al placer
del tacto de la luna hiriente.
No quiero desprenderme
del untuoso abrazo de su luz
que me impregna y envuelve con densidad,
respirándome desde dentro su leyenda.

Qué locura su lujuria emblanquecida...
Me destierro de ella y me persigue,
miles de espacios me muestra
en lugares blancos que aparecen
bordados de impune verdad,
y soez y con descaro lo expone.

Corre tras de mí gritándome
con mudas manos,
que envueltas en guantes blancos
alcanzan lo inalcanzable,
lo escondido de tus ojos,
lo olvidado del oscuro lado virgen.

En mi desesperada huida, rozo
mi piel con sus afilados halos,
y sangro de rojos los níveos
reflejos de sus deseosos sueños.
Y un grito sordo retumba
el camino argénteo y petrificado.

Y entonces, mientras enrojece
la vara que me sostiene,
escucho un dulce y pálido canto
que procede del interior nacarado de su historia;
y una vez más unta de placeres
las troneras deslizadas de mi razón.

No quiero decir adiós al placer
del tacto de la luna hiriente.
No quiero dejar de perseguir sesgos
de vida, ni siquiera en caminos reservados.
Quiero dejarme abrazar casi con maldad,
por la luz blanquecina de su arrojada existencia.

XXXIII

No reconozco las luces
que iluminaron tus
presencias.

Ya, no me deslumbran
las sombras
que te dan nombre.

Ni me alteran
tus calladas opiniones
que ya no me ofenden.

No sangra en mí la rabia,
ni el extremo dolor
de lo que callas.

Tus sombríos actos,
son ya, de otra corola
de sépalos verdes.

Pétalos que ya
no esconden colores,
ni alumbran vástagos.

Ya no me perturban
tus ausencias bordadas
de llantos por los umbrales.

No quiero más ni menos
tus lastimosos
desencuentros.

Sólo dejarme reposar
en los velados actos
de las flores.

XL

Estoy cansada de los estímulos falsos,
de los murmullos huecos
y los ojos de cavidades abiertas,
vacíos de ansias y deseos.

Exhausta estoy de esperar,
rendida soy de tenerte
bordando lágrimas que no lloran
y se pierden por tus palabras.

Manos, con huesos que palpan
el daño en tu piel extraña.
No siento los latidos
de tu cuerpo y de tu alma.

Y despierto sobrecogida
porque me adentré en tus cuencas
vacuas de vida, llenas de muerte,
y me vi cabalgando entre tus miradas.

XLII

Escucha el silencio de la noche
y dime que te cuentan
los oscuros y vivos vientos,
los secretos dones
de estrellas errantes;
las luciérnagas
que corren
por encima de las aguas
y escondidas tras la muerte
de las luces,
alumbran los espacios
que callan,
los lugares
que gritan...
Escucha la noche
de los silencios que hablan
con misterios que no paran
de clamar
y susurrar
callados sueños de hadas.

XLIII

Regresando del descuido
te encontré recostado,
dormido y silencioso
cubierto de sueños nuevos,
del frescor cantar
de la magia,
de los versos
aún sin transcribir.
De las palabras entredichas
a los bordes
del abismo que rodeo,
del vacío que salto
una vez más.
Y una vez más:
venzo,
y caigo en la desnudez.
Exhausta de nuevo
regreso al engaño.
Ante lo impensable:
lo irremediable e inocente
de los campos
y sus flores.

XLVI

La mirada que deposita el viento
estremece el nudo
de donde crecen las ramas,
y arraigan los aires
que acarician la yerba mojada,
la jara seca,
el cardo en flor,
la lavanda y las ausencias.

El tacto de los silencios que callan,
de los que se mecen
tras las cortinas acunadas,
sostenidas en arrebatos
de las presencias que en la nada
nos palpan.

El oír hueco de los campos
ensombrecidos por los odios humanos.
Disfrazados por las faltas
sin aceptar
de los seres que los transitan.
Los olores estridentes
en los ojos escondidos
tras briznas de almas silenciosas.

Este aroma
hueco y profano,

desesperado,
observa mi ser estúpido y yermo,
otea desde más allá
el vasto dominio de mi alma
prendida en el rápido sosiego
de una ráfaga de viento fresco.

LI

Cogeré tu mano salada,
ausente,
intacta en mi memoria,
tibia
entre el latido de mi recuerdo
y la besaré.
La veré desde lejos
llamar mi cuerpo.
Sentiré la vibración de su vida
persiguiéndome.
Sus caricias tatuaran sudores
en mi piel.
Dejaré que aquellas sensaciones
paseen
por los resquicios de la locura,
que descansen
pausadas noches de fuegos.
Conquistaré
un nuevo sentido en mi ser muerto
para agarrar
el latido profundo de lo inexistente.
Desbordando
los márgenes establecidos,
crear de nuevo un nuevo cuerpo,
y te amaré.
Aunque no estés, aunque no existas.

¡Secuéstrame
desesperado a tus sombras!
Me perderé
entre tus manos mancas
que yo crearé.
Por tus dedos carnosos de experiencia…
y en las oníricas fantasías,
pintaré
de ser, tu mar salado
y tu mano ausente.

LIII

Algún día, cuando me escriba de nuevo,
tomaré apuntes del silencio
que hizo posible los arpegios
y las notas acompasadas de mis sueños.
El que enmarcó aquella risa
y cuidó con esmero
los apacibles versos de los vientos.

Cuando los cielos malvas
deslicen tintes en los horizontes
y cubran rosáceos los campos que anduve,
me mezclaré con sus alargadas sombras
y dejaré que todos sus matices
desdibujen los ocultos renglones,
que un día desterré de mi semblanza.

Habré de ver, como el olvido pasea
entre los muros cubiertos de hiedra
y el otoño caldea sus hojas verdes.
Pensaré en tus ojos, y tu ausencia
recordará, que fue tu vigor
el fiel reflejo de mí misma
que murió al permitir que te fueras.

Cuando me atreva a cruzar tus campos
seré yo quien los pinte de azucenas,

quien los pise de cipreses.
Será mi reflejo en las nubes
y mis sombras estampadas,
las que apunten notas, en el ritmo
pausado, candente de tu historia.

Entonces, por fin, seremos uno
para mezclaremos en las tierras del deseo.
Y el dócil verso de tus flores,
trepará todos los troncos
y desbordará todos los ríos.
Algún día, besaré tu imagen perdida
en la eternidad de este silencio.

ÍNDICE

El monopolio de los árboles
(2019)

Las tierras que nos cubren
(2016)

El tacto de la luna hiriente
(2015)

NC-T-20